MUDANÇA BARATA

(CHEAP THE CHANGE)

Por

SEAN CHRISTOPHER

MUDANÇA BARATA

Concebido por Sean Christopher Mascarenhas

Traduzido por Isabel Maria Loução

Embora inspirado por eventos reais e personagens históricas, esta é uma obra de não-ficção e não pretende ser historicamente exata ou retratar eventos ou relacionamentos factuais. Tenha em mente que pessoas reais, vivas ou mortas, estabelecimentos comerciais, eventos ou locais podem não ser totalmente precisos, mas romanceados em parte pelo autor.

ISBN: 978-1-948688-09-3

Impresso nos E.U.A.

Primeira Publicação, 2018

AVISO LEGAL

Este livro é escrito apenas para efeitos de informação. Foram feitos todos os esforços para tornar este livro mais completo e preciso possível. Este livro fornece informações somente até à data de publicação. Por isso, este livro deve ser usado como um guia e não como a fonte final.

O propósito deste livro é o de educar. O autor e a editora não garantem que as informações contidas neste livro sejam totalmente completas e não serão responsáveis por quaisquer erros ou omissões.

O autor e a editora não terá qualquer responsabilidade em relação a qualquer pessoa ou entidade com respeito a quaisquer perdas ou danos causados ou alegadamente causados direta ou indiretamente por este livro.

SOBRE O AUTOR

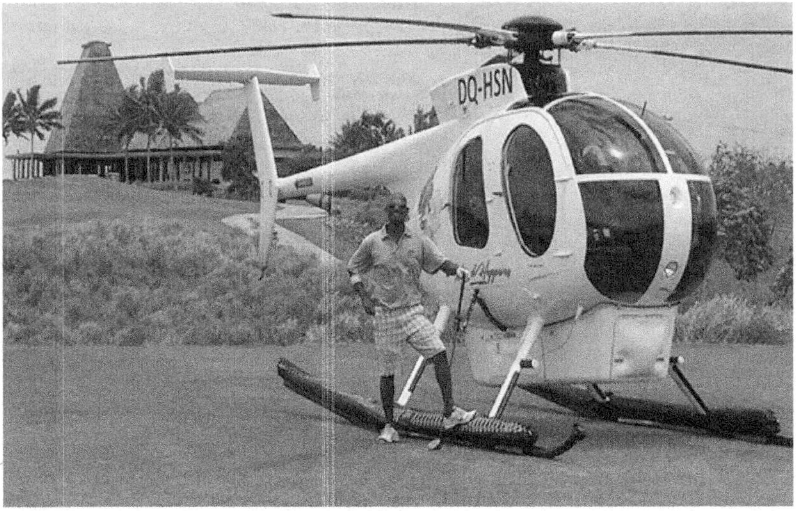

Sean Christopher Mascarenhas é um autor norte-americano. Ele reside em Las Vegas, Nevada, e viajou para mais de 35 países. Ele é um ávido entusiasta do desporto, intelectual e inovador. Ele é um empreendedor de série, e é o fundador do site www.cheapthechange.com, o animador conhecido como Coolie Mac, e o escritor da canção: "Famoso". Ele tem um diploma de Bacharelado em Inglês.

Citações

"A alfabetização de ganhar é aprender."

– Sean Christopher Mascarenhas

ÍNDICE

PRÓLOGO

A Mudança Barata é uma metodologia simples, que irá fornecer-lhe energia para viver. Você só precisa de uma hora para ler este livro. Porquê ler um romance quando você pode obter tudo o que precisa através de uma leitura rápida, e ficar empoderado ao mesmo tempo? O século 21 é sobre o empoderamento. Você não pode usar o que não tem.

A educação deve ser transmitida. Se está lendo este livro que eu, pessoalmente, muito agradeço, e espero que ele abençoa você, para que possa crescer logicamente como uma pessoa sensata. Resumi os meus pensamentos em quinze categorias que lhe fornecerão uma infinita sabedoria para que possa ser o melhor que pode ser. A vida é sobre ganhar, ganhar muito e fazer bem. Essa é a minha expectativa para você.

POEMA

Quem é o próximo na fila?

Todos estes tolos vêm e vão!

Eles jogam, mas pagam enquanto perdem o caminho.

O jogo é para ser vendido, entretanto, não para ser contado.

É assim que os sábios devem ser definidos.

A reflexão sensata, mas eles nunca desperdiçam.

O empréstimo prático, em vez de gastar de forma irresponsável.

O poupado torna-se rico porque vive muito saudável.

E tudo o resto não poderia importar-se menos

Porque o que você pode fazer,

Quando tudo acabou e você perde?

A escolha é sua,

Então, o que irá escolher?

(VERSÃO INGLESA)

Who's next in line?

All these fools come and go!

They play but pay while they lose their way.

The game is to be sold, while, not to be told.

That is how the wise are to be defined.

The sensible ponder, but never do they squander.

The practical lend instead of recklessly spend.

The thrifty turn wealthy because they live very healthy.

And all the rest couldn't care less

Because what can you do,

When it's all gone and you lose?

It's your choice,

So what will you choose?

CAPÍTULO 1: *TORNE-O BARATO; NÃO O MANTENHA*

"Quem traz a bênção será enriquecido, e aquele que a si mesmo rega será regado."[i]

A palavra "barato" recebe uma má interpretação na sociedade. É considerada uma palavra ruim como um expletivo sujo. Por algum motivo, barato foi associado a "valor baixo", "é uma merda" ou "não é bom o suficiente". Ironicamente, na nossa sociedade, somos levados a crer que barato é uma palavra que as pessoas ricas evitam quando, na verdade, as pessoas ricas sabem o verdadeiro significado da palavra: barato. Barato na sua verdadeira definição significa, "baixo preço ou vale mais do que o seu custo."[ii] Isso não é uma coisa ruim de todo. Porque na verdade, isso soa como uma pechincha!

Com efeito, a verdade dura e fria é que "barato" foi eliminado na língua inglesa porque é um ataque aos compradores experientes que sabem como negociar a caça. O motivo desta palavra de cinco letras "barato" ter sido atacada tão apaixonadamente é porque é a chave para o sucesso. Curiosamente, o termo também tem sido usado para atacar verbalmente uma pessoa como, "Ele é tão barato! Ou eu não me encontro com homens baratos. Que barato!."

O que é irónico sobre os "utilizadores" que não gostam de pessoas baratas é a realidade de que os "utilizadores" não podem deixar de parasitar as pessoas por dinheiro. É como ver mendigos de Las Vegas pedindo dinheiro na Faixa. É realmente uma maneira de ganhar a vida? Seria um estudo interessante pesquisar por que razão a pessoa X se associa com a pessoa Y em primeiro lugar. É assim que eles podem se beneficiar com eles. Esse é o objetivo de ter um círculo social em primeiro lugar. Rede, qualquer um?

Poderia ser possível que as mesmas pessoas que estão atacando a chamada pessoa barata sejam elas próprias baratas porque nunca receberam nada nas suas vidas? Quão irónico é quando as pessoas pobres mais baratas atacam as pessoas ricas e baratas que trabalharam arduamente para serem ricas? Agora, quem está realmente sendo barato? Você vê onde isso vai dar? A barateza é uma palavra média quando usada dentro ou fora do contexto. Ser barato pode ser uma coisa ruim quando você não é generoso quando pode ser. No entanto, ser barato é realmente a chave para a generosidade, porque o dinheiro tem que parar em algum lugar, de modo que o excedente poupado pode ser usado para melhores avanços. Feito de um modo barato é o problema se não puder resistir ao teste do tempo, mas comprado barato é outra história. Comprar barato é o modo como você ganha.

Torne barato; não mantenha isso significa simplesmente adquirir de forma barata para que você possa ter mais para ser generoso. Especialmente, quando isso é importante no longo prazo. Os anúncios são criados para fazer o contrário. Se eles tiverem um poder sobre o seu livro de bolso, como irá ter um excedente para as pessoas que realmente ama? A redistribuição de riqueza só funciona quando você não mantém mas torna barato, assim que tem mais dinheiro para dar. Como é que um filantropo dá dinheiro se ele não tem nenhum? Em algum ponto, ele deve desistir de algo para obter algo em troca.

CAPÍTULO 2: *O DINHEIRO RÁPIDO PARTE*

"A riqueza do pecador é guardada para os justos".[iii]

Você já ouviu o termo, "Um tolo e o seu dinheiro partem rapidamente?" Esta declaração é o ataque direto sobre o extravagantes, os gastadores que falham em praticar a arte da frugalidade. A frugalidade é uma forma de arte. Trata-se de uma disciplina. Isso significa auto-contenção. A prudência é a prática da abnegação. Na sua definição mais forte, a palavra significa abstinência pura. É nesta auto-contenção onde o negociador poupado carimba o seu bilhete para a fortuna. Essa é a essência da vida barata. Viver de um modo barato é muito diferente do que baratear a vida, porque você não quer pagar ao flautista.

Roubar a Pedro para pagar a Paulo é o que o desperdício faz. O recíproco do dinheiro que parte rapidamente é "Um homem sábio e o seu dinheiro vivem juntos". Significa basicamente que a relação de fidelidade entre os dois é íntima quando comparada com a de outros pretendentes que estão a tentar criar uma relação adúltera. São os "outros" que tentam invadir a sua mente para separar você e sua torta.

Em vez de roubar a Pedro ou Paulo, você também pode vender a João ou Tiago e continuar a vender a Mateus e Natanael. Desta forma, os consumidores desejam dar-lhe o dinheiro com prazer, porque você está a prestar um grande serviço. Um serviço pobre significa ganhos pobres. Um serviço rico leva a ganhos elevados.

Capítulo 3: *Vender Algo*

"Compra a verdade e não a vendas, obtém a sabedoria, a instrução e o entendimento."[iv]

Se você não pode vender, o seu bolso não se inchará. Como é isso para uma rima? Transforme um níquel num centavo e poupe o seu tempo para um pouco de sol. Não é ótimo quando o dinheiro está no banco? E, todas as suas contas são pagas. Obrigado! O bom Senhor é ótimo e continua a fazer o seu bolo antes do amanhecer, porque haverá dias em que os seus investimentos também não se espalharão. Às vezes, é melhor ter amor e não vendê-lo. A arte do começo é não se separar do seu coração, mas continuar a jogar o jogo e, mesmo que você continue a balançar pela fama, porque quando você conectá-lo irá ser um tiro, como uma estrela cadente do parque!

Por que vender para os outros quando você pode vender-se. Comoditizar o seu ser é a maneira de fazer isso. O poder de vender-se a si mesmo é a energia para fazê-los pagar. Os Strippers fazem isso! Hahaha, mas você não quer fazer isso. Há outras vias para obter a mesma coisa.

Escrever um livro. Fazer uma canção. Pintar um retrato. Filmar um filme. Vender o seu material. Fazer e vender. Seja bom nisso, porque estará a fazer isso pelo resto de sua vida, se planear ser um empreendedor. Não há como chegar ao caminho verde sem o caminho real, que é a rodovia de retalho.

CAPÍTULO 4: *AMIGOS RICOS E DEZENAS*

"Venha, vamos lidar sabiamente com eles, ou mais."[iv]

Dezenas fazem amizades com pessoas ricas. Se você for um centavo, então é um bem e as pessoas vão querer o seu tempo. Alugue-se por um preço, e você estará no dinheiro. Porque tempo é dinheiro, gaste o seu tempo sabiamente com aqueles que lhe darão vantagens, benefícios e privilégios. Dezenas fazem isto. Eles sabem como beber acompanhados pelos ricos. É como carregar o seu telemóvel no seu laptop. Você precisa de algumas das suas energias, então, obtenha isso livremente, conectando-se. Uma vez que tenha carregado, você pode carregar outros.

Se tiver de gastar dinheiro com uma mulher para ter o seu amor você, bem, você não tem um relacionamento real. Os homens que têm uma mulher "real" não gastam dinheiro para o sexo. Você precisa de entender o que quero dizer. Pagar pelo sexo é sexo transacional, mas não é amor sexo. Você obtém sexo por amor quando uma mulher se apaixona por si. Certos homens fazem as mulheres se apaixonarem por eles sem dinheiro. É quando o seu jogo está no ponto.

As mulheres apaixonam-se por si quando você está na sua mente. É isso. Isso é tudo o que você tem de fazer. É uma provocação cerebral. Não é mais do que isso. Se você pode entrar em sua mente, você irá fazê-la ganhar. Conhecer a sua necessidade emocional de amor e validação é o que uma dezena faz. O dinheiro não é necessário. O dinheiro é apenas uma atração. Pesque!

CAPÍTULO 5: *PERDA (LOSS) VEGAS*

"Depois de ter gasto tudo, houve uma grande fome em toda aquela região, e ele começou a passar necessidade."[vi]

Você já esteve em Las Vegas? Bem, isso deve ser chamado de "Perda" (Loss) Vegas porque isso é tudo o que acontece aqui. Todos os "lostitutes" estão apenas a perder seu dinheiro.[vii] "Lostitution" é uma prática comum aqui na cidade do pecado.[viii] Vegas foi construída sobre perdedores não sobre vencedores. 80% das pessoas nesta cidade são perdedores (boas pessoas, não apenas os vencedores no cassino). De que outra forma os cassinos fazem um centavo? Os operadores do cassino perceberam rapidamente que poderiam fazer fortuna com os jogadores.[ix] Não jogue. Você não vai ganhar. Não é uma boa ideia. Não seja um perdedor.

Você quer conselhos contraditórios dos que estão aqui. Jogar e perder. Vê como é divertido? Não há nada de errado em divertir-se. Lembre-se apenas de que é um entretenimento caro. Perder não é divertido. Quando foi? Ainda estou irritado com a minha pequena equipa de beisebol da liga que perdeu nas finais do estado da Flórida em 1994.[x] Eu odeio perder. Na verdade, o melhor conselho que já consegui em Las Vegas foi por um negociante de blackjack no Palm's Casino que me disse: "Kid, desista. Este não é o caminho para a riqueza." A sua palavra ainda ecoa na minha alma. Assim eu não jogo mais. Eu andei.

A chave para ganhar é "nunca jogar o seu jogo", porque se você o fizer, perderá. Seu sistema é manipulado. Os arquitetos dos jogos são projetados para fazer você perder. A chave para "ganhar" é jogar o seu jogo. Se não puder evitar os vícios, você permanecerá perdedor.

Você deve ser astutos neste mundo se quiser ganhar muito dinheiro no jogo. Isso acontece quando você não joga, mas cria activos. Mais uma vez, ninguém está a dizer "não jogue", mas se for jogar, porque não joga quando tem uma tonelada de dinheiro e perder em pequenas mãos é trivial. Desta maneira não há qualquer esforço para ganhar dinheiro nas mesas. Tentar ganhar dinheiro nas mesas não é uma boa ideia. Sugestão: não jogue.

Capítulo 6: *Orar; Não Pulverizar*

"E tudo o que pedirdes em oração, crendo, ireis receber."[xi]

Não estou a brincar consigo. Eu não posso fazer isso. Não está no meu sangue, eu não faria isso. Também é contra a minha religião. Veja que belo chapéu que estou a usar na foto. E se eu lhe dissesse, comprei esse bom fedora por apenas 2 dólares. Sim. Mal paguei alguma coisa por isso. Não foi um presente qualquer. Obtive um preço barato. Como é que eu fiz isso?

Bem, primeiro de tudo, eu estava a orar muito mal a Deus por um negócio! A verdade seja dita, eu não gosto de comprar coisas por um capricho. Eu sou um comprador de propósito. No entanto, há momentos em que o que você deseja não é encontrado em nenhum lugar. Então você tem de continuar a cavar.

Eu sou teimoso. O que há de errado sobre a obtenção de um fedora por um preço razoável? Muitas lojas são uma exploração! Prefiro venda por grosso ou reintegração de posse. A minha primeira abordagem era explorar os diferentes Goodwill na cidade, no entanto, nada cabia e alguns dos chapéus cheiravam![xii] Grosso. Quem quer isso? Não é bom!

Depois, por casualidade, eu estava a conduzir para San Diego e a cerca de 3 horas na viagem, eu parei na loja de 99 centavos em San Bernardino para algumas provisões. Enquanto atravessava as ruas de compras, por acaso olhei para um dos corredores e vi um belo fedora. Para minha surpresa, não consegui acreditar no que vi! Como é possível que um fedora esteja à venda na loja de 99 cêntimos? De modo algum!

Então eu tentei o chapéu. O que você sabe? Encaixa perfeitamente! Eu era como "Deus trabalha!" Este chapéu idílico encaixa-se perfeitamente! E, são apenas 2 dólares! Cha-ching! Grande negócio! Pontuação! Que Deus incrível! Amém! Aleluia! Eu creio! O chapéu vai durar para sempre? Não! Mas é bom fazer com que as coisas funcionem bem, porque depois eu consigo comprar outra coisa.

De volta ao fedora, foi uma grande pontuação. Quero dizer, é uma coisa ter um amigo que lhe dê um presente, mas é uma coisa diferente quando você está a passar por uma loja de dólar na Califórnia, e vê um fedora que se encaixa perfeitamente na sua cabeça. O Cali não deve ser caro? Não desta vez!

Comprar barato é divertido, então eu comprei dois! Lição a ser aprendida: ore a Deus e ele responderá no tempo devido. É tudo uma questão de tempo, ter uma mente aberta, e ser curioso.[xiii]

Capítulo 7: *Comoditizar o Seu Ser*

"O solo produz culturas por si só, primeiro a lâmina, depois a cabeça, depois o grão maduro na cabeça".[xiv]

Nesta vida você depara-se com o conceito conhecido como "comoditizar o seu ser". O seu corpo é um motor de trabalho e, quando é colocado no trabalho, acumula um rendimento financeiro, quando contratado para trabalhar. No entanto, existem outras maneiras de ganhar dinheiro do que apenas a mão-de-obra. Nesta seção, discutiremos algumas destas formas.

Os livros curtos são o que as pessoas gostam de ler. Quem quer ler um livro longo? Apenas satisfaça a necessidade do seu cliente. Dê-lhes o que eles querem. A tecnologia soluciona muitos dos nossos problemas. Você já ouviu a frase, "você é o problema ou a solução", então seja a solução. A nossa cultura é áspera. Basicamente, os perdedores não ganham dinheiro. Os vencedores ganham dinheiro. A maioria dos pessoas inovadoras são os artistas que você vê que tem talento para mostrar.

Aqui está a solução: se você não mercantilizar o seu ser irá ir à falência. Então você terá de ser muito barato e ninguém irá querer ficar à sua volta. Você vê todos esses vagabundos nos túneis de Las Vegas. Enquanto estava no South Point Casino, assisti ao show de Dennis Bono com um amigo.[xv] Foi divertido, vi a anfitriã vestida com uma roupa de carnaval brasileira na entrada da frente. Pensei em mim mesmo: "Por que razão eles fazem grandes esforços para fazer seu trabalho aqui?" Eu racionalizei que era porque ela era parte do show. Ela era uma artista intérprete ou executante. Ela era parte da atração. Eu aprendi uma lição muito importante naquele dia. Ser uma atração. Chegar ao centro do acto.

CAPÍTULO 8: *DORMIR E GANHAR DINHEIRO*

"As formigas são criaturas de pouca força, contudo, armazenam a sua comida no verão."[xvi]

Um pequeno investimento num veículo de investimento sólido pode transformar-se em milhões. É tudo sobre como plantar uma semente. Quanto mais você plantar maior será a colheita. Por que razão ser um comerciante todo o dia em stress? Isso é inútil. Para dormir e ganhar dinheiro, tudo o que você deve fazer é investir intencionalmente e esperar um ano para ver o seu investimento crescer. Não há necessidade de se preocupar.

A lição mais difícil para aprender é deixar o seu dinheiro andar. Se você o deixar andar, o investimento tem a oportunidade de quintuplicar ou mesmo disparar 20 vezes o seu valor original. O dinheiro não pode permanecer na sua mão. Você deve dar-lhe asas para voar.

Você não pode segurar o seu dinheiro de um modo muito apertado ou ele nunca deixará a sua mão. Você não pode trazê-lo de volta para si muito rapidamente ou ele não irá amadurecer completamente e você irá perder a enorme ganância. A chave é plantar cedo e apenas esperar.[xvii]

Isto é chamado, "[Casting] o seu pão sobre as águas".[xviii] Dito isto, você não pode apenas jogar o seu dinheiro em qualquer lugar como um dardo. Você deve plantar o seu dinheiro em solo fértil. O solo fértil é um investimento onde todos têm também a "confiança" para investir. Quando a singularidade da confiança do investidor chegar, você dormirá e ganhará muito dinheiro.

A chave para utilizar corretamente este princípio é investir quando algo está avaliada em muito pouco, mas tem potencial para se tornar a próxima grande coisa. Regra de ouro: nunca invista em nada que esteja no lado alto ou você ficará queimado. Invista quando está no lado de baixa e tem grande potencial para disparar para o céu. Deve ser algo que os fundos de cobertura e as empresas de capital privado querem agarrar. O seu trabalho é posicionar-se antes deles para que você esteja na frente do investimento.

CAPÍTULO 9: *DIFERENTES FASES DA VIDA*

"Enquanto temos oportunidade, façamos bem a todos os homens".[xix]

Você não pode dar o que não têm. Você deve criar precedência se quiser ter uma carreira móvel ascendente. Isso ocorre apenas quando você tem um título; o tipo de realização para conquistar o reconhecimento digno dessa produção. Construa esse currículo bebé. Depois de ter a certificação ou as credenciais, você pode prosseguir para o próximo nível.

O mundo é um palco. Quando você executar bem em cada nova etapa da sua vida, ganha o direito de atuar na próxima fase, e continuará assim para sempre. Há uma razão para as estações do ano. Identificar a temporada em que você está irá ajudá-lo a atuar corretamente.

A vida é um drama de Shakespeare e você começa a atuar em todas as peças. Ou seja, se você escolher também. Você é capaz de fazer tantas coisas e isso acontece quando identifica o palco enquanto oferece um desempenho digno. Ter a capacidade de não ser o centro das atenções é central. Os melhores atores sabem como executar em cada configuração independentemente de quem está a procurar. Na realidade, você é sempre o "ato central" porque sabe como desempenhar diferentes papéis sem receber atenção negativa.

Capítulo 10: *Fazer Centavos*

"Muito bem, servo bom e fiel! Você foi fiel com algumas coisas; Eu o colocarei a cargo de muitas coisas."[xx]

Siga o dinheiro. Se faz o dinheiro que faz centavos. Compreender a "criação de dinheiro" é altamente importante para a perspicácia financeira. Se não estudar a "criação de dinheiro", será difícil para si economizar a mudança. Conseguir trabalhos pagos funciona quando você entende a maneira diferente de ganhar dinheiro. Aqui estão algumas maneiras de obter dinheiro:

1. Herança
2. Loteria
3. Ganhar um concurso
4. Rendimentos de trabalho
5. Rendimentos residuais

6. Rendimentos de investimentos
7. Rendimentos de negócios
8. Presente
9. Roubar
10. Casar-se

Roubar não é recomendado porque é ilegal. Os outros são formas viáveis para conseguir dinheiro. Quanto mais fluxos de rendimento você tiver, melhor. Toda a sua vida você deve concentrar-se na geração de fluxo de rendimento após fluxo de rendimento. É como a construção de um currículo. Continue a construir. Uma vez que você tenha fluxos suficientes de rendimento, o seu reservatório estará cheio até à borda. A escassez financeira é como uma falta de água, os seus fluxos de rendimento estão em esgotamento, de modo a reabastecê-los, você deve gerar mais receitas em diferentes formas. Isto acontece ao adquirir ou produzir produtos para vender. Imagine, o seu fluxo de dinheiro a transformar-se no rio Amazonas. Isto acontece com um serviço de qualidade superior, ou bem que o consumidor quer.

Capítulo 11: *Padrão de Vida*

"Os sábios armazenam o conhecimento, mas com a boca do insensato, a ruína está próxima".[xxi]

Para viver um alto padrão, você deve viver abaixo de seus meios. Não há outra maneira de explicar isto. É imperativo que você não passe por cima de si mesmo ou irá atravessar a luta financeira. Como as crianças, os carros, as casas, as férias e os luxos não são nada além de incríveis, eles também custam um bom dinheiro. Os custos correntes serão o seu golpe de morte. Qualquer coisa que você possa comprar, que envolva manutenção ou taxas que se repetem, será negativa na sua conta bancária.

A maneira de eliminar os custos correntes é limpar-se literalmente de qualquer coisa que continue a fazer aumentar as despesas da sua vida. Então, se você quer um barco novo, deve saber que exigirá reparações, gasolina e você terá de renovar as matrículas todos os anos. Além disso, a sua despesa aumentará se você tiver um deslizamento mensal do barco. Pergunte sempre: "Os custos de funcionamento valem o investimento em primeiro lugar?" Tempo, dinheiro e energia são tudo o que você tem nesta vida, então use esses recursos com sabedoria, ou se colocará num mundo de danos.

Contar com o custo irá ajudá-lo a avaliar o risco que deseja assumir. Se vai afundar o seu navio não o faça! Porque afogar-se na dívida não é bom. Você não quer perder o equilíbrio na vida. Você quer ter um transbordamento supérfluo, onde os seus barris transbordarão de vinho novo e os seus celeiros serão transbordantes. Isso acontece quando você está contente em sua alma e exerce prudência com cada decisão financeira. Os dois maiores erros que uma pessoa comete é acreditar quando tem dinheiro que deve gastá-lo, e quando tem muito dinheiro não gastá-lo quando isso requer uma alta qualidade de vida. Deve haver sempre um equilíbrio na sua vida. Não gaste frivolamente, invista com sabedoria em propósito; Você verá uma enorme diferença na qualidade da sua vida.

Após o seu ninho de ovos crescer, comece a fazer adições à sua vida: esposa, filhos, e as necessidades que acompanham a manutenção da família. Não pague pelo passado, mas prepare-se para o futuro, por enquanto não está a ser apanhado.[xxii]

CAPÍTULO 12: *F.U. DINHEIRO*

"O Rei Salomão era mais rico e mais sábio do que qualquer outro rei do mundo".[xxiii]

Existem três tipos de dinheiro. Existe "dinheiro separável", é quando você está a criar separação de um saldo bancário negativo. A denominação é como $50.000 a $500.000. Este tipo de dinheiro coloca-o para investimentos e formação de pequenas empresas.

O próximo tipo de dinheiro é "dane-se dinheiro"(*screw you money*), que é como 1 a 2 milhões de dólares. Se cuidadosamente investido, você poderia aposentar-se tecnicamente em relação a esse dinheiro com propriedades de aluguer e investimentos experientes. O dinheiro está a ser gerido de forma adequada e não deve estar nas mãos dos tolos, porque tudo o que eles fazem é desperdíçá-lo.

O terceiro tipo de dinheiro é "F.U. Dinheiro."[xxiv] Como é apelidado, esse tipo de dinheiro diz, "F.U." ao dinheiro, para o empregador e qualquer outra pessoa no planeta. Pense nos vencedores da loteria. Isto é, quando você tem dinheiro suficiente para isolar-se de contas, dívidas, obrigações, pagamentos e todas as outras taxas de vida. Os atletas milionários podem ser de qualidade para dinheiro F.U. também. Comoventemente disse, O dinheiro F.U. é de mais de 10 milhões no banco.[xxv] Depois de ter esse tipo de dinheiro, você está no topo de 1% do mundo. Com esse tipo de dinheiro você pode fazer o que quiser com moderação. Isso não significa que você é deus, mas isso significa que o seu empregador apenas perdeu um empregado. *Sorria*.

CAPÍTULO 13: *A PRESERVAÇÃO DA RIQUEZA*

"O homem de bem deixa uma herança aos filhos de seus filhos."[xxvi]

O objetivo é chegar a "Dinheiro F.U." no entanto, isso não lhe dá licença gratuita para gastar no caminho que conduz à pobreza. Você ficaria surpreso com o número de vezes que a singularidade aconteceu com pessoas que têm *algum* dinheiro. Você ainda deve ter "controlos de capital" ativos de modo que não gaste tudo antes da sua morte.

A maneira de preservar a sua riqueza é valorizada par comprar imóveis com dinheiro. Desta forma, o dinheiro não perde o seu valor. Você não quer especular em imóveis com o dinheiro porque a propriedade pode não subir de valor. O setor imobiliário é um dreno do seu dinheiro. É intensivo em dinheiro. A segunda coisa que você quer fazer é criar um tipo de orçamento mensal para que não vá além desse limite. A terceira coisa que você não quer fazer é gastar em itens caros que irão drenar o seu dinheiro como comprar um avião quebrado ou um iate de vários milhões de dólares. Estas compras estúpidas farão você ficar no seu dinheiro porque estão a depreciar ativos.

A forma de preservar o seu dinheiro é mantê-lo numa conta com juros. Invista em start-ups baratas com pequenas quantidades de capital. Mantenha um orçamento. Use o seu dinheiro para criar ativos em vez de necessariamente comprar ativos. Tornar-se um artista de entretenimento onde é pago pelo seu desempenho.

Capítulo 14: *Alguém O Tem*

"Deus irá suprir todas as vossas necessidades."[xxvii]

Saiba isto. Alguém tem o que você precisa. A visualização é importante para entender este conceito. Se precisar de acesso gratuito à Internet basta ir até à biblioteca. Se quiser bilhetes gratuitos, então você precisa de ter um contacto que tenha esses bilhetes gratuitos. Se quiser ir a um piscina quente num resort, basta conhecer alguém que tenha acesso e esteja disposto a deixá-lo entrar. Se precisar de um lugar para ficar, certifique-se de falar com os amigos que podem transformar isso numa realidade.

A chave é ser uma pessoa de origem. Certifique-se de que você tem muito para oferecer também. Desta forma, você pode trocar assistência. A troca de tempo pelos serviços prestados é muito útil quando as pessoas precisam de si. Você é um corpo e isso é bom o suficiente. Muitas vezes, a sua presença é necessária para ajudar a mover algo ou manter a empresa de alguém. A sua voz não é realmente necessária; é apenas a sua presença. A sua casa, carro ou contactos são coisas que as pessoas vão querer aproveitar, assim, saiba como utilizá-los para a sua vantagem nas trocas.

Tenha uma ampla rede que seja benéfica para si. Você irá querer ter amigos em diferentes cidades e países. Desta forma, eles podem sempre fazer algo por si e vice-versa. Encare isso; Se não tiver uma família grande, é melhor ampliar a sua rede de "assistência obrigatória" expandindo a sua base de dados para os amigos. Quantos membros da família são inúteis? Muitos. Existem aproximadamente 7,4 bilhões de pessoas no planeta, então você não deve ter qualquer problema em fazer amigos. Tornar o hábito de gerar toneladas de amigos através de amizades orgânicas não forçadas.[xxviii]

A forma de alargar a sua base de dados deve ser sociável e aberta. Há tantas pessoas que limitam a sua interação social porque não conseguem sair do seu cavalo alto. Não há necessidade de governar a sala. Basta procurar aqueles que querem conversar e sentir uma conexão. Se houver uma conexão converta-a para um contacto na sua base de dados. É tão simples como isso. Quem é rico tem muitos contactos com amigos que lhe darão assistência gratuita. Naturalmente, você terá de pagar com gratidão em algum tipo de presente financeiro, mas torne isso divertido e não obrigatório.

Capítulo 15: *Esconda o Seu Dinheiro*

"Em todo o trabalho há lucro, mas a mera conversa apenas leva à pobreza".[xxix]

Não exiba o seu dinheiro. Este é um grande não-não. Isso só estimulará a sua concorrência. Primeiro você deve esconder o dinheiro. Você precisa manter o seu excedente poupado o mais longe possível do ponto de venda. Por exemplo, os centros comerciais são exemplos clássicos de pontos de venda. Essencialmente, você está a caminhar para uma mina de coisas para comprar. Isso vem com o território. O mesmo se passa com um supermercado - muitas coisas para comprar. Nestes dois casos é melhor você exercer alguma disciplina ou o seu dinheiro terá ido. Pior ainda, se estiver em posse de um cartão de crédito, você será sempre suscetível de gastar à vontade. Então lembre-se que o ponto de venda é onde você perde dinheiro. Não é seu amigo, mas o seu inimigo.

A melhor coisa que pode fazer é permanecer em dinheiro. Isso permite que você gaste com pouca frequência para que não faça alarde. Além disso, comece a comprar cripto-moeda. A razão por que estes investimentos valem a pena é porque existe uma elevada procura. Se não fosse assim, então você não poderia ganhar dinheiro com o investimento porque não há outro idiota pronto para comprar o bem ao novo preço. A sua conta de cripto-moeda não é pública para o mundo. Perceba isto, a grande riqueza é alcançada silenciosamente. Não é para toda a gente ver.

Flexione os seus músculos com a compra de imóveis em dinheiro, formação, negócios e viagens. As pessoas que não podem pagar esses luxos começarão a sentir o seu dinheiro, poder e a respeitá-lo. Uma vez que elas vejam que você está muito à frente delas, o seu sucesso irá provocá-las para ficarem secretamente com ciúmes de si e elas vão querer ser como você. O jogo é tornar-lo barato; não mantê-lo. Lá você o tem. Você foi enriquecido. Agora, fique rico e torne-me orgulhoso!

CONCLUSÃO:

"Assim, toda árvore boa produz bons frutos, mas a árvore má produz frutos maus".[xxx]

Em anexo encontra-se uma foto elegante da minha comunidade do condomínio de luxo midrise em Las Vegas, Nevada.[xxxi] Eu paguei em dinheiro pela minha unidade. Comprei minha propriedade por uma música e uma dança também. Cresceu em equidade ao longo dos anos. O dinheiro está seguro porque está guardado num ativo confiável.

Eu vou à piscina muitas vezes durante o verão; Uso a academia quando quero, e adoro fazer banhos quentes de piscina, observando as estrelas durante a noite durante o inverno. Ocasionalmente, uma estrela cadente amplia a noite. Muitas vezes, eu riu para mim e um grande sorriso envolve o meu rosto, depois um brilho no meu olho lança uma lágrima e eu faço aquela pergunta despretensiosa: "Como sou tão privilegiado? Aqui está a resposta. Sinceramente, escutei a sabedoria de outros que estiveram antes de mim. Eles transmitiram-me uma prodigiosa sagacidade ao longo dos anos.

Você deve desfrutar o fruto de seu trabalho. Eu mostro-lhe este fruto como evidência porque eu empreguei fundamentos interessantes para pagar um alto padrão de vida. A realização é a prática da frugalidade e a vida inteligente. Vivemos numa sociedade que deve recompensar aqueles que ganharam por mérito. Tenho feito isso corretamente. Não tenho enganado ninguém. Tenho jogado o jogo corretamente. Tenho provas que mostram sucesso. Se não fosse assim, este livro seria uma farsa. Siga o exemplo, meu amigo. Estou diante de você.

Notas Finais:

---

[i] Provérbios 11:25

[ii] Http://www.dictionary.com/browse/cheap

[iii] Provérbios 13:12

[iv] Provérbios 23:23

[v] Êxodo 1:10

[vi] Lucas 15:14

[vii] Lostitutes" é o plural de "lostitute", um neologismo criado por Sean Christopher Mascarenhas

[viii] Lostitution" é um neologismo cunhado por Sean Christopher Mascarenhas

[ix]Http://www.bbc.com/travel/story/20120816-travelwise-casino-design-and-why-the-house-always-wins

[x]http://articles.orlandosentinel.com/1994-08-18/news/9408170495_1_chris-gutierrez-pagan-chuck-williams

[xi] Mateus 21:22

[xii] Empresas Goodwill

[xiii]Alguns dizem: "Compre apenas, porque poupa tempo". No entanto, a vida é uma viagem. É ótimo ver as coisas emergir do nada quando você emprega gratificação atrasada. Isto nem sempre é possível com base em circunstâncias atenuantes.

[xiv] Marcos 4:28

[xv] https://www.dennisbono.com

[xvi] Provérbios 30:25

[xvii] Se tivesse investido em Bitcoins no início, você seria um milionário de Bitcoins hoje

[xviii] Eclesiastes 11:1

[xix] Gálatas 6:10

[xx] Mateus 25:23

[xxi] Provérbios 10:14

[xxii] "Ser apanhado" significa *ser encantado ou envolvido em alguma coisa*

[xxiii] II Crónicas 9:22

[xxiv] https://www.fumoney.com/ebook

[xxv] A conversa em torno do Dinheiro FU está concentrada em quanto ele denota? Alguns livros e artigos postulam que a quantidade é superior a 10 milhões de dólares

[xxvi] Provérbios 13:22

[xxvii] Filipenses 4:19

[xxviii] http://www.worldometers.info/world-population/

[xxix] Provérbios 14:23

[xxx] Mateus 7:17

[xxxi] 2016 GLVAR